iskola - escola	2
utazás - viagem	5
közlekedés - transporte	8
város - cidade	10
táj - paisagem	14
étterem - restaurante	17
szupermarket - supermercado	20
italok - bebidas	22
étel - comida	23
gazdálkodás - quinta	27
ház - casa	31
nappali - sala de estar	33
konyha - cozinha	35
fürdőszoba - casa de banho	38
gyerekszoba - quarto de criança	42
ruházat - vestuário	44
iroda - escritório	49
gazdaság - agricultura	51
foglalkozások - profissões	53
szerszámok - ferramentas	56
hangszerek - instrumentos musicais	57
állatkert - jardim zoológico	59
sportok - desporto	62
tevékenységek - atividades	63
család - família	67
test - corpo	68
kórház - hospital	72
vészhelyzet - emergência	76
föld - terra	77
óra - relógio	79
hét - semana	80
év - ano	81
alakzatok - formas	83
színek - cores	84
ellentétek - opostos	85
számok - números	88
nyelvek - idiomas	90
ki / mi / hogyan - quem / o quê / como	91
hol - onde	92

Impressum
Verlag: BABADADA GmbH, Nedderfeld 112 , 22529 Hamburg
Geschäftsführer / Verlagsleitung: Harald Hof
Druck: Books on Demand GmbH, In de Tarpen 42, 22848 Norderstedt

Imprint
Publisher: BABADADA GmbH, Nedderfeld 112 , 22529 Hamburg, Germany
Managing Director / Publishing direction: Harald Hof
Print: Books on Demand GmbH, In de Tarpen 42, 22848 Norderstedt, Germany

iskola

escola

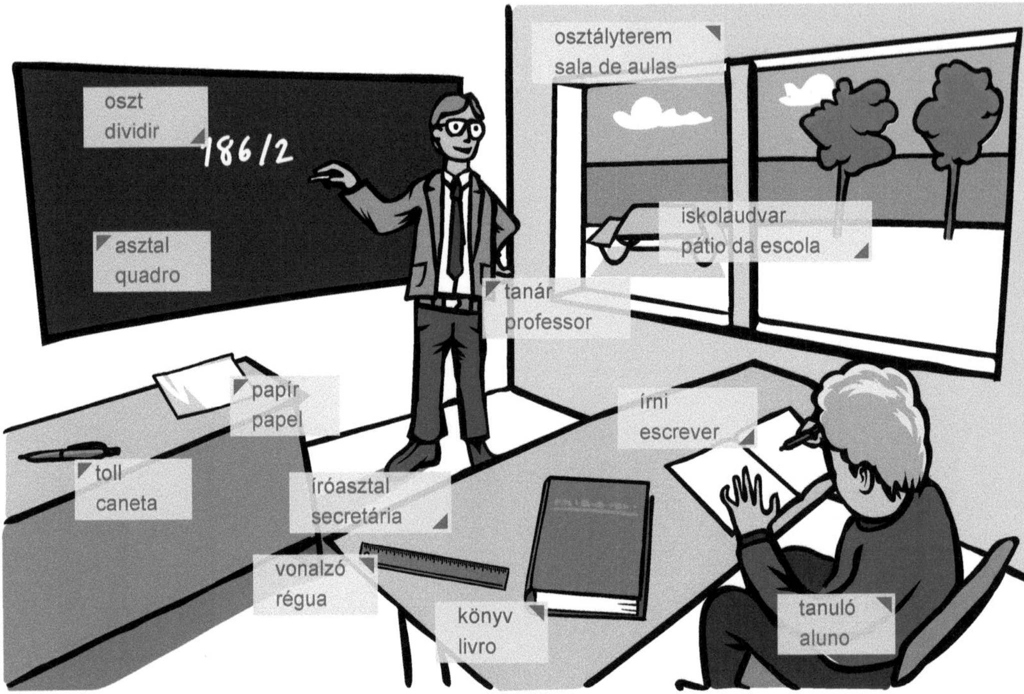

osztályterem
sala de aulas
oszt
dividir
186/2
asztal
quadro
iskolaudvar
pátio da escola
tanár
professor
papír
papel
írni
escrever
toll
caneta
íróasztal
secretária
vonalzó
régua
könyv
livro
tanuló
aluno

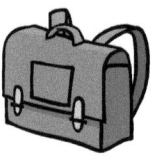

iskolatáska

mochila

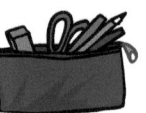

tolltartó

estojo de lápis

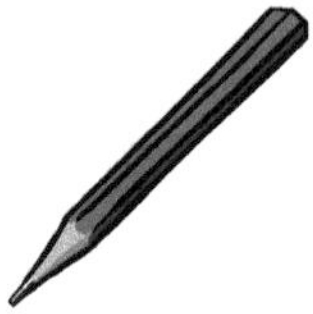

ceruza

lápis

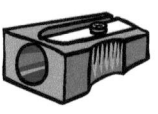

ceruzahegyező

afia-lápis

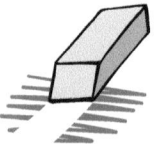

radír

borracha

rajzfüzet

bloco de desenho

rajz

desenho

ecset

pincel

festőkészlet

caixa de tintas

olló

tesoura

ragasztó

cola

munkafüzet

livro de exercícios

házi feladat

trabalhos de casa

szám

número

összead

somar

kivon

subtrair

szoroz

multiplicar

számol

calcular

betű

letra

ABC

alfabeto

szó

palavra

szöveg

texto

olvasni

ler

kréta

giz

tanóra

hora

napló

registo de presenças

vizsga

exame

bizonyítvány

certificado

iskolai egyenruha

uniforme escolar

oktatás

educação

enciklopédia

enciclopédia

egyetem

universidade

mikroszkóp

microscópio

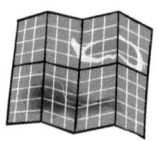

térkép

mapa

papír-hulladék gyűjtő

cesto de lixo

utazás
viagem

hotel
hotel
Grand
szállás
hostel
ROOMS
valutaváltó iroda
casa de câmbio
EXCHANGE
bőrönd
mala
autó
carro

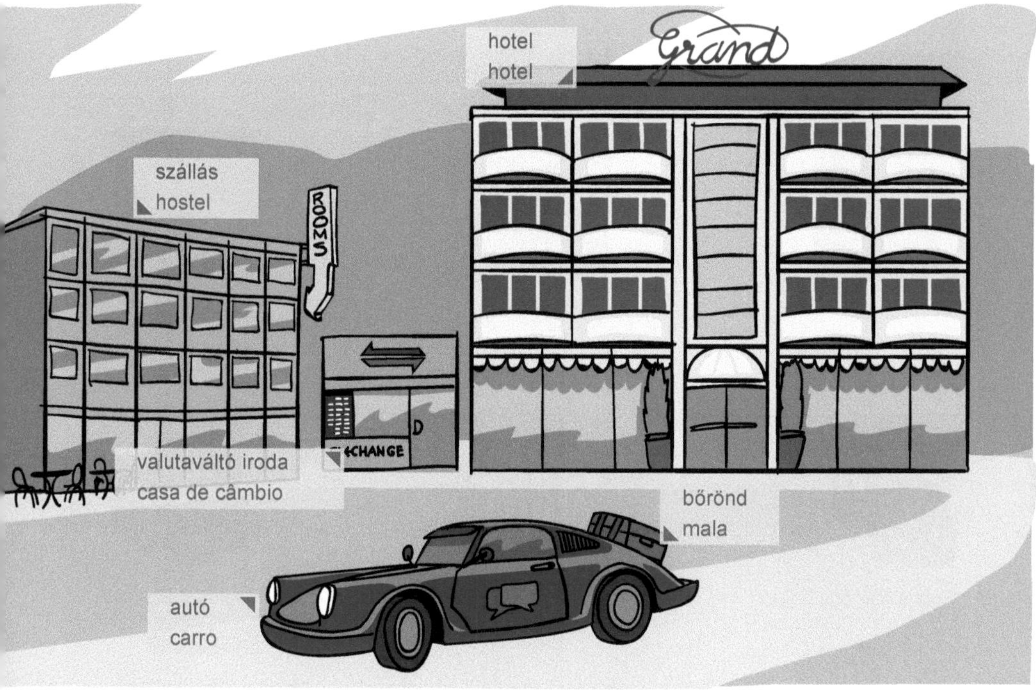

nyelv

idioma

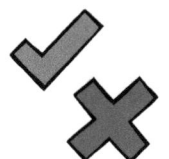

igen/nem

sim / não

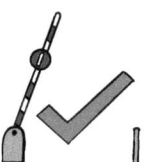

rendben

ok / certo / correto

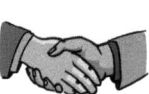

szia

olá

fordító

intérprete

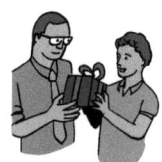

köszönöm

obrigado

mennyibe kerül...?

quanto é que custa... ?

nem értem

não entendo

probléma

problema

Jó estét!

boa noite!

jó reggelt!

Bom dia!

jó éjszakát!

Boa noite!

viszontlátásra

adeus

útirány

direção

poggyász

bagagem

táska

saco

hátizsák

mochila

vendég

convidado

szoba

quarto

hálózsák

saco-cama

sátor

tenda

turista információ

informação turística

strand

praia

hitelkártya

cartão de crédito

reggeli

pequeno-almoço

ebéd

almoço

vacsora

jantar

jegy

bilhete

lift

elevador

bélyeg

selo postal

határ

fronteira

vám

alfândega

nagykövetség

embaixada

vízum

visto

útlevél

passaporte

közlekedés
transporte

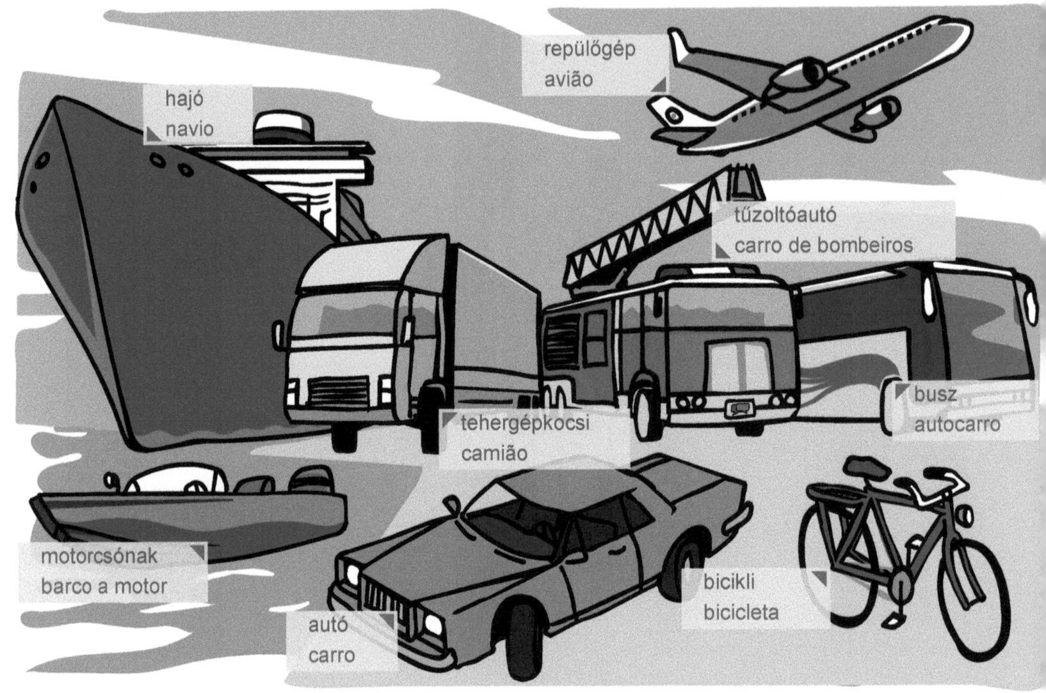

repülőgép
avião
hajó
navio
tűzoltóautó
carro de bombeiros
busz
autocarro
tehergépkocsi
camião
motorcsónak
barco a motor
bicikli
bicicleta
autó
carro

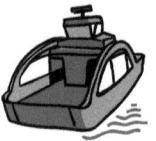

komp

cacilheiro

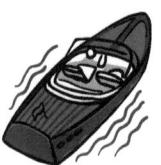

csónak

barco

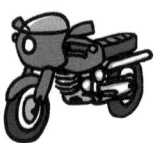

motorkerékpár

mota

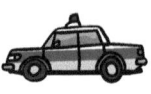

rendőrautó

carro de polícia

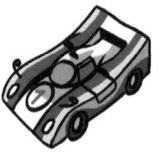

versenyautó

carro de corrida

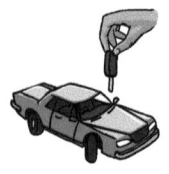

bérautó

carro alugado

telekocsi

carsharing

vontató

camião de reboque

szemetes autó

camião do lixo

motor

motor

üzemanyag

combustível

benzinkút

estação de serviço

közlekedési tábla

sinal de trânsito

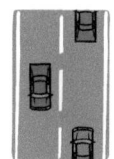

forgalom

trânsito

forgalmi dugó

congestionamento de trânsito

parkoló

parque de estacionamento

vonatállomás

estação ferroviária

sínek

carris

vonat

comboio

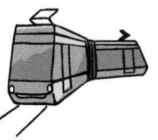

villamos

elétrico

vagon

carruagem

helikopter

helicóptero

repülőtér

aeroporto

torony

torre

utas

passageiro

konténer

contentor

kartondoboz

caixa de papelão

taliga

carrinho

kosár

cesto

felszáll / leszáll

levantar voo / aterrar

város
cidade

falu

aldeia

városközpont

centro da cidade

ház

casa

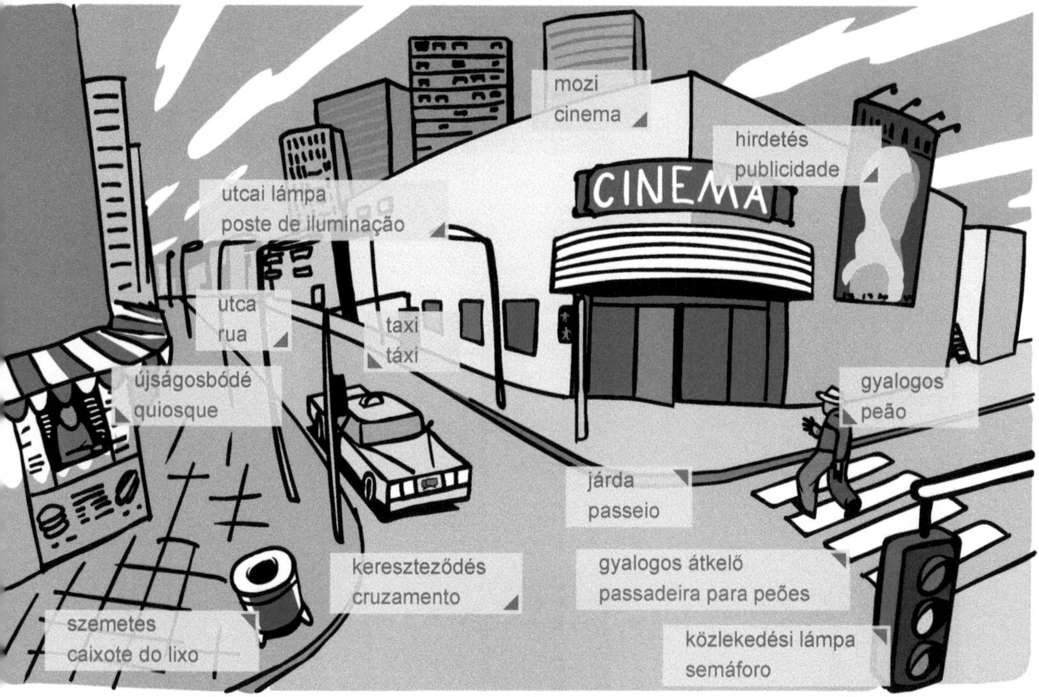

mozi
cinema

hirdetés
publicidade

utcai lámpa
poste de iluminação

CINEMA

utca
rua

taxi
táxi

újságosbódé
quiosque

gyalogos
peão

járda
passeio

kereszteződés
cruzamento

gyalogos átkelő
passadeira para peões

szemetes
caixote do lixo

közlekedési lámpa
semáforo

kunyhó
cabana

lakás
apartamento

vonatállomás
estação ferroviária

városháza
câmara municipal

múzeum
museu

iskola
escola

egyetem

universidade

bank

banco

kórház

hospital

hotel

hotel

gyógyszertár

farmácia

iroda

escritório

könyvesbolt

livraria

üzlet

loja

virágüzlet

florista

szupermarket

supermercado

piac

mercado

áruház

loja de departamentos

halárus

peixaria

bevásárló központ

centro comercial

kikötő

porto

park
_____
parque

pad
_____
banco

híd
_____
ponte

lépcső
_____
escadas

metró
_____
metro

alagút
_____
túnel

buszmegálló
_____
paragem de autocarro

bár
_____
bar

étterem
_____
restaurante

postaláda
_____
caixa de correio

utcatábla
_____
sinal de trânsito

parkoló óra
_____
parquímetro

állatkert
_____
jardim zoológico

uszoda
_____
piscina

mecset
_____
mesquita

gazdálkodás

quinta

környezetszennyezés

poluição

temető

cemitério

templom

igreja

játszótér

parque infantil

szentély

templo

táj
paisagem

levél
folha

útjelző tábla
placa de sinalização

út
caminho

rét
prado

kő
pedra

túrázó
caminhantes

fa
árvore

folyó
rio

fű
relva

virág
flor

völgy
vale

domb
montanha

tó
lago

erdő
floresta

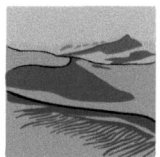

sivatag
deserto

vulkán
vulcão

kastély
castelo

szivárvány
arco-íris

gomba
cogumelo

pálmafa
palma

szúnyog
mosquito

légy
mosca

hangya
formiga

méhecske
abelha

pók
aranha

bogár

besouro

béka

sapo

mókus

esquilo

sündisznó

ouriço

nyúl

lebre

bagoly

coruja

madár

pássaro

hattyú

cisne

vaddisznó

javali

szarvas

veado

rénszarvas

alce

gát

barragem

szélturbina

turbina eólica

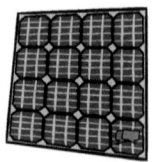

napelem

painel solar

éghajlat

clima

étterem
restaurante

pincér
empregado de mesa
menü
menu
szék
cadeira
leves
sopa
pizza
pizza
terítő
toalha de mesa
evőeszköz
talheres

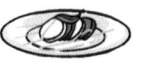

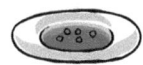

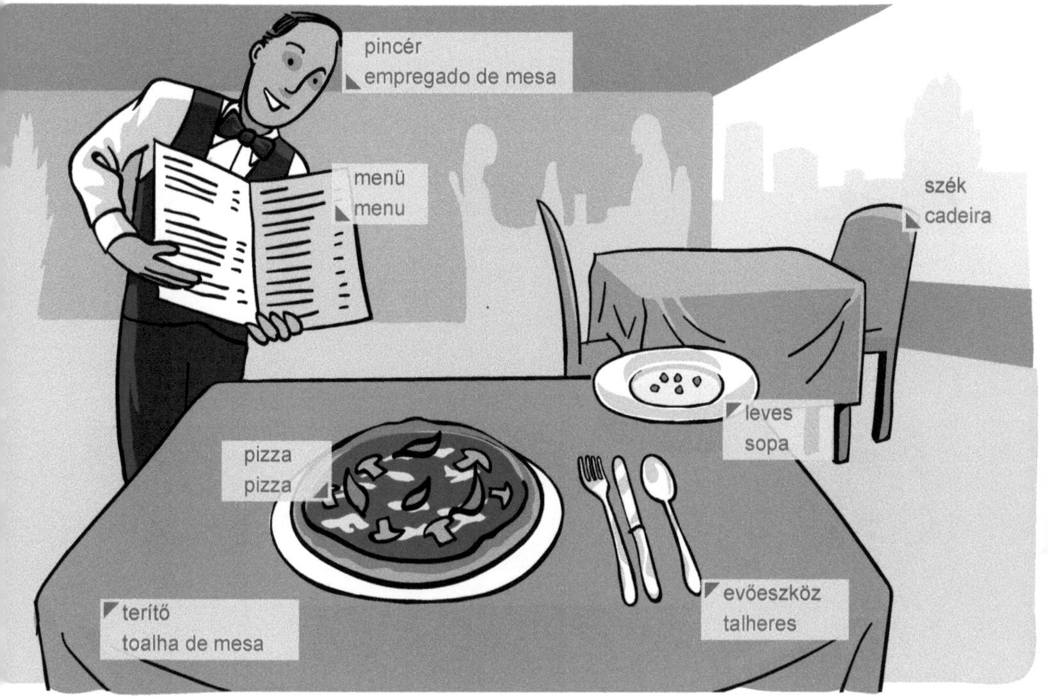

előétel

entrada

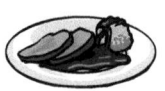

főétel

prato principal

desszert

sobremesa

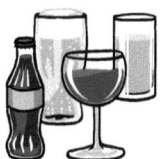

italok

bebidas

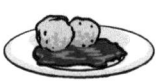

étel

comida

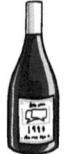

üveg

garrafa

gyorsétel

fast food

gyorsétel

comida de rua

teás kanna

bule de chá

cukortartó

açucareiro

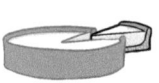

adag

porção

eszpresszógép

máquina de café expresso

bárszék

cadeira alta

számla

conta

tálca

bandeja

kés

faca

villa

garfo

kanál

colher

teáskanál

colher de chá

szalvéta

guardanapo

pohár

copo

tányér
prato

leveses tányér
prato de sopa

csészealj
pires

szósz
molho

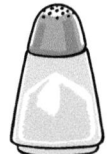

sószóró
saleiro

borsőrlő
moinho de pimenta

ecet
vinagre

étkezési olaj
óleo

fűszerek
especiarias

ketchup
ketchup

mustár
mostarda

majonéz
maionese

szupermarket
supermercado

különleges ajánlat
oferta especial
ügyfél
cliente
tejtermék
laticínios
gyümölcsök
fruta
bevásárló kocsi
carrinho de compras

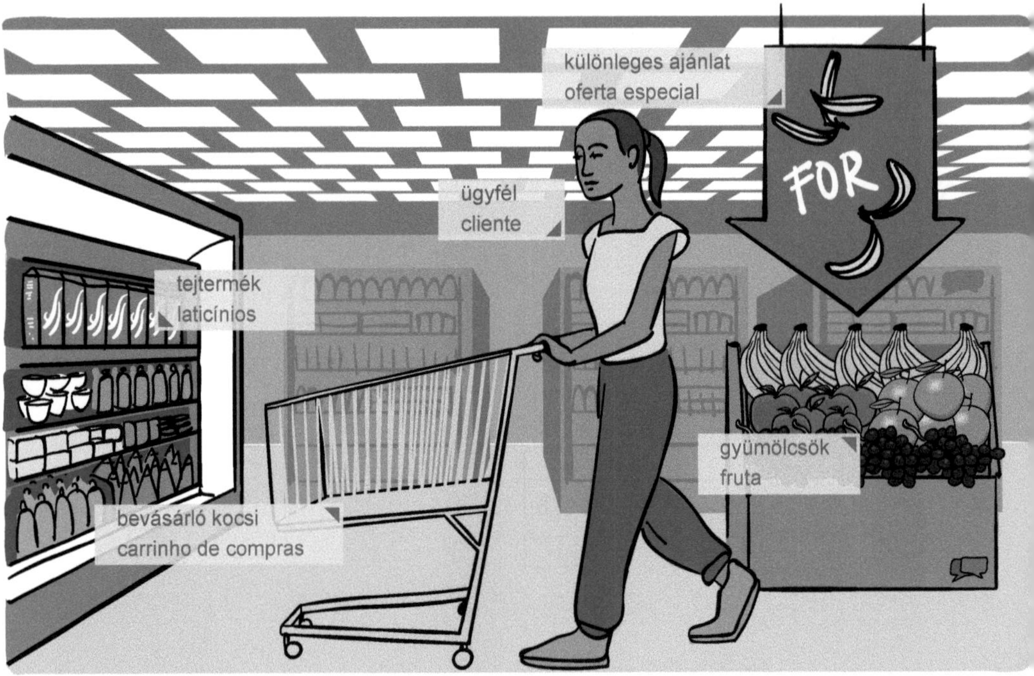

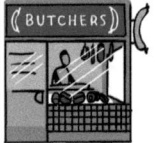

BUTCHERS

hentes

talho

BAKERY

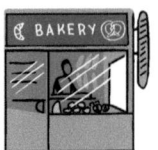

pékség

padaria

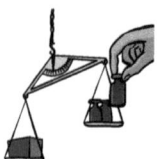

nyom valamennyit

pesar

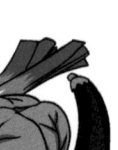

zöldség

vegetais

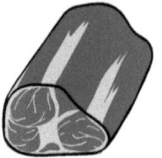

hús

carne

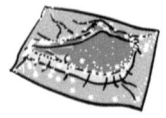

fagyasztott áru

alimentos congelados

felvágott

charcutaria

konzerv

comida enlatada

mosópor

detergente em pó

édességek

doces

háztartási termék

artigos domésticos

tisztítószerek

produtos de limpeza

eladó

vendedora

pénztárgép

caixa

eladó

caixa

bevásárló lista

lista de compras

nyitva tartás

horário de funcionamento

levéltárca

carteira

hitelkártya

cartão de crédito

zacskó

saco

műanyag zacskó

saco de plástico

víz

água

gyümölcslé

sumo

tej

leite

kóla

coca-cola

bor

vinho

sör

cerveja

alkohol

álcool

kakaó

cacau

tea

chá

kávé

café

eszpresszó

café expresso

kapucsínó

capuccino

banán

banana

alma

maçã

narancs

laranja

sárgadinnye

melão

citrom

limão

sárgarépa

cenoura

fokhagyma

alho

bambusz

bambu

hagyma

cebola

gomba

cogumelo

magvak

nozes

nokedli

talharim

spagetti

esparguete

rizs

arroz

saláta

salada

sült krumpli

batatas fritas

sült burgonya

batatas fritas

pizza

pizza

hamburger

hambúrguer

szendvics

sanduíche

hússzelet

bife panado

sonka

fiambre

szalámi

salame

kolbász

salsicha

csirke

galinha

pecsenye

assado

hal

peixe

étel - comida

zabkása

flocos de aveia

müzli

muesli

kukoricapehely

flocos de milho

liszt

farinha

croissant

croissant

zsemle

carcaça (pãozinho)

kenyér

pão

pirítós kenyér

torrada

keksz

biscoitos

vaj

manteiga

túró

requeijão

sütemény

bolo

tojás

ovo

tükörtojás

ovo estrelado

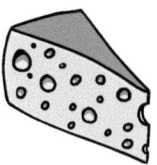

sajt

queijo

jégkrém

gelado

cukor

açúcar

méz

mel

lekvár

compota

mogyorókrém

creme de nougat

curry

caril

gazdálkodás
quinta

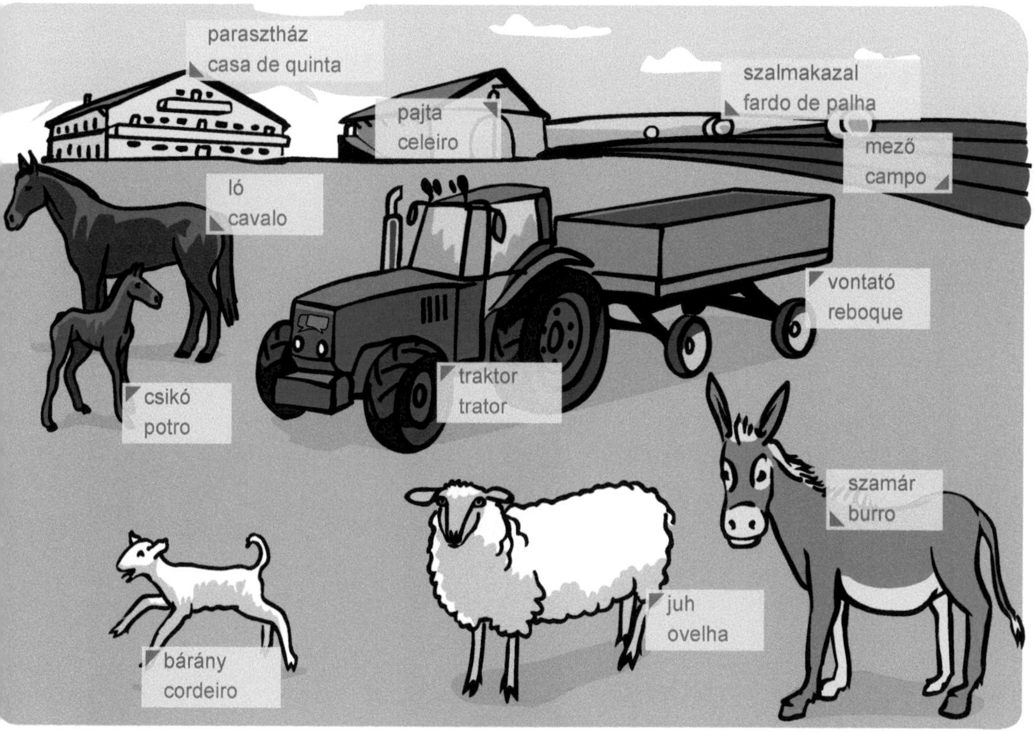
parasztház
casa de quinta
pajta
celeiro
szalmakazal
fardo de palha
mező
campo
ló
cavalo
vontató
reboque
traktor
trator
csikó
potro
szamár
burro
juh
ovelha
bárány
cordeiro

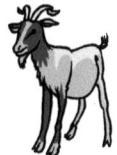

kecske
cabra

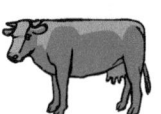

tehén
vaca

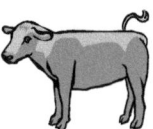

borjú
bezerro

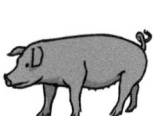

malac
porco

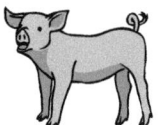

kismalac
leitão

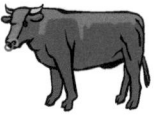

bika
touro

liba
ganso

kacsa
pato

csibe
pintaínho

tojó
galinha

kakas
galo

patkány
ratazana

macska
gato

egér
rato

ökör
boi

kutya
cão

kutyaház
casota

kerti öntözőcső
mangueira de jardim

öntözőkanna
regador

kasza
foice

eke
arado

sarló
foice

kapa
enxada

vasvilla
forquilha

fejsze
machado

talicska
carrinho de mão

teknő
manjedoura

tejes kancsó
jarro de leite

zsák
saco

kerítés
cerca

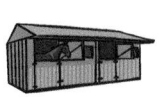

istálló
estábulo

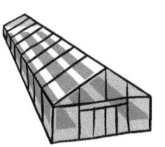

üvegház
estufa

talaj
solo

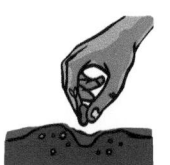

vetőmag
semente

trágya
fertilizante

cséplőgép
ceifeira-debulhadora

szüretelni

colher

betakarítás

colheita

yamgyökér

inhame

búza

trigo

szója

soja

burgonya

batata

kukorica

milho

repcemag

colza

gyümölcsfa

árvore de fruto

manióka

mandioca

gabona

cereais

ház

casa

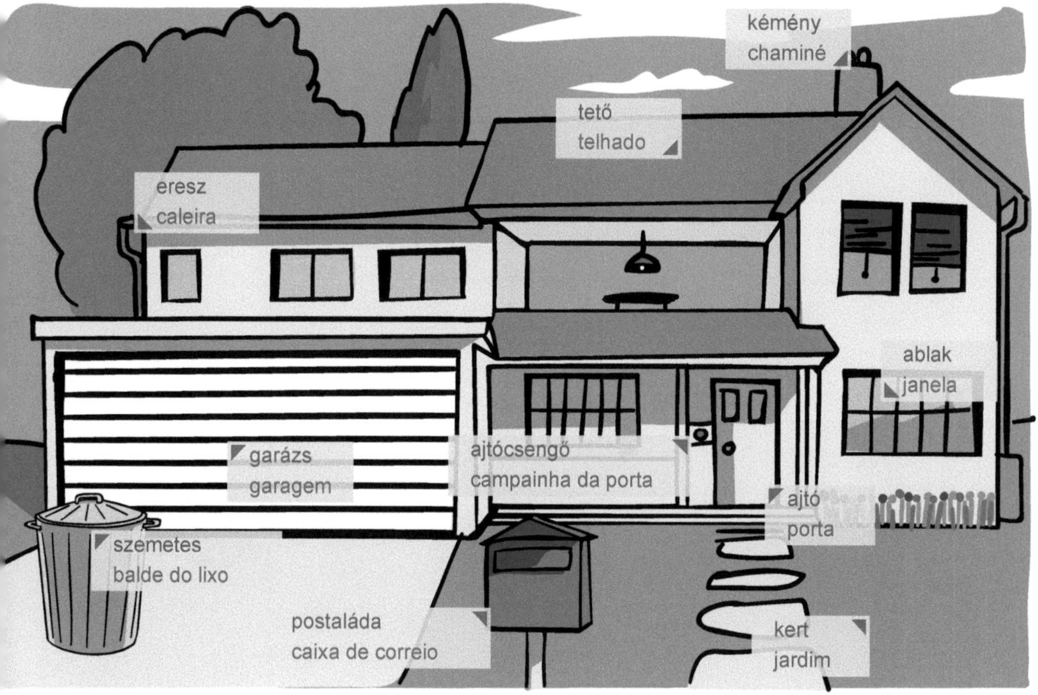

kémény
chaminé
tető
telhado
eresz
caleira
ablak
janela
garázs
garagem
ajtócsengő
campainha da porta
ajtó
porta
szemetes
balde do lixo
postaláda
caixa de correio
kert
jardim

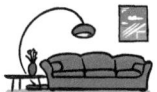

nappali

sala de estar

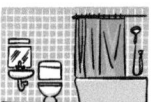

fürdőszoba

casa de banho

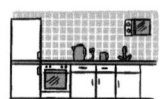

konyha

cozinha

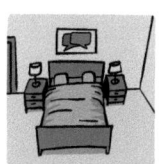

hálószoba

quarto de dormir

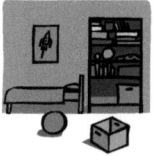

gyerekszoba

quarto de criança

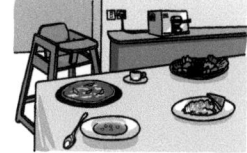

ebédlő

sala de jantar

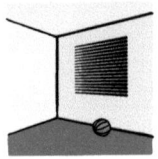

padló
chão

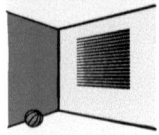

fal
parede

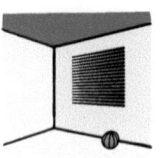

plafon
teto

pince
cave

szauna
sauna

erkély
varanda

terasz
terraço

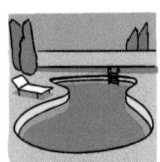

medence
piscina

fűnyíró
máquina de cortar relvado

lepedő
lençol

ágytakaró
cobertor

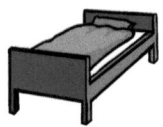

ágy
cama

seprű
vassoura

vödör
balde

kapcsoló
interruptor

nappali
sala de estar

tapéta
papel de parede
kép
imagem
lámpa
lâmpada
polc
prateleira
szekrény
armário
televízió
televisão
kandalló
lareira
virág
flor
párna
almofada
kanapé
sofá
váza
vaso
távirányító
controlo remoto

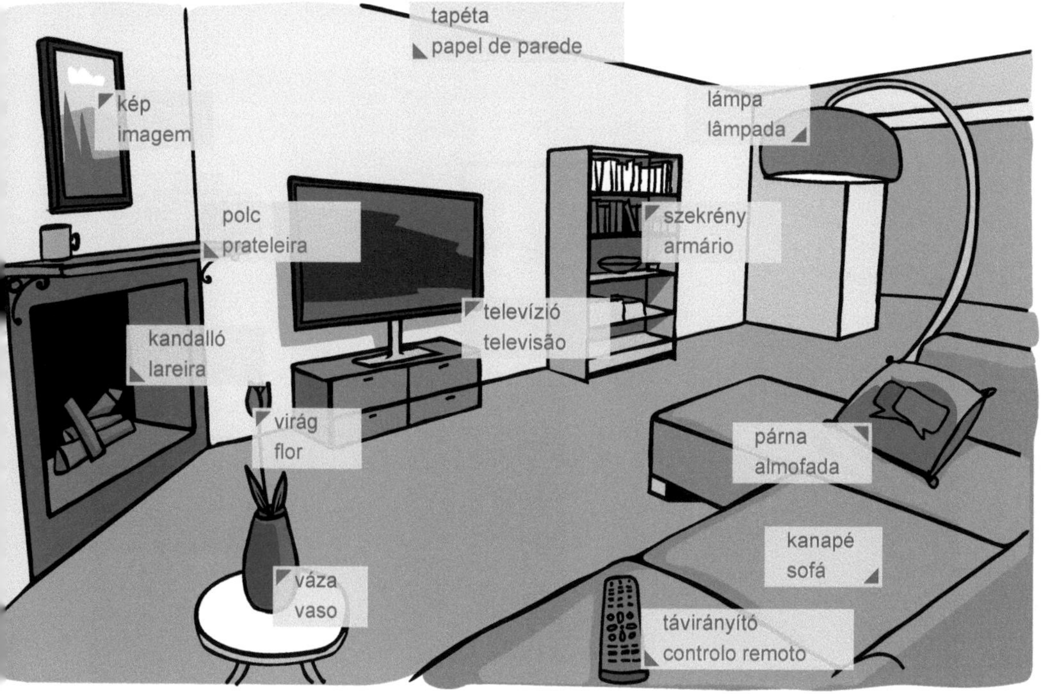

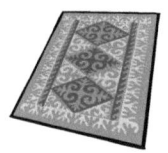

szőnyeg

tapete

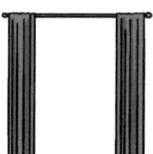

függöny

cortina

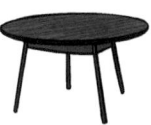

asztal

mesa

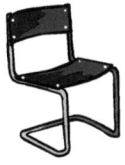

szék

cadeira

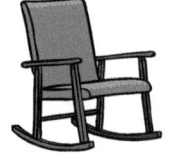

hintaszék

cadeira de baloiço

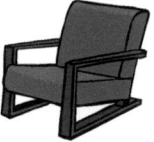

karosszék

poltrona

könyv

livro

takaró

cobertor

dekoráció

decoração

tűzifa

lenha

film

filme

hifi

sistema estéreo

kulcs

chave

újság

jornal

festmény

pintura

poszter

póster

rádió

rádio

jegyzetfüzet

bloco de notas

porszívó

aspirador

kaktusz

cato

gyertya

vela

konyha
cozinha

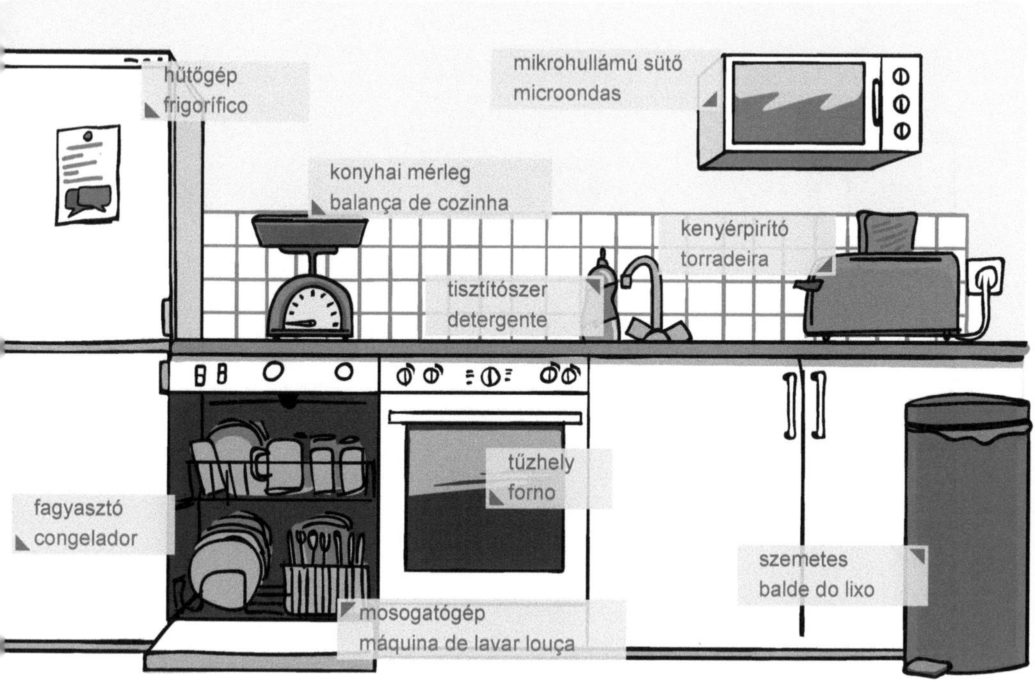
hűtőgép
frigorífico
mikrohullámú sütő
microondas
konyhai mérleg
balança de cozinha
kenyérpirító
torradeira
tisztítószer
detergente
tűzhely
forno
fagyasztó
congelador
szemetes
balde do lixo
mosogatógép
máquina de lavar louça

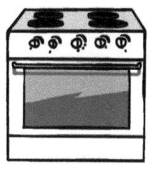

tűzhely
fogão

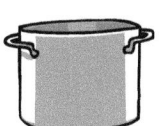

edény
panela

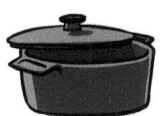

vasfazék
panela de ferro

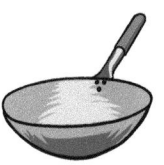

wok / kadai
wok / kadai

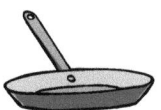

serpenyő
frigideira

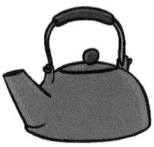

vízforraló
chaleira

pároló

panela a vapor

tepsi

tabuleiro de forno

étkészlet

louça

bögre

caneca

tálka

tigela

evőpálcika

pauzinhos

merőkanál

concha de sopa

keverőlapátka

espátula

habverő

batedor de claras

szűrő

escorredor

szita

peneira

reszelő

ralador

mozsár

almofariz

grillsütő

churrasqueira

kandalló

lareira

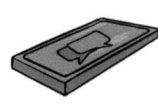

vágódeszka

tábua de cortar

sodrófa

rolo da massa

dugóhúzó

saca-rolhas

doboz

lata

konzervnyitó

abridor de latas

edényfogó

luvas de forno

mosogató

lava-loiça

kefe

escova

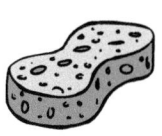

szivacs

esponja

turmixgép

liquidificador

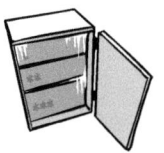

mélyhűtő

arca frigorífica

cumisüveg

biberão

csap

torneira

fürdőszoba
casa de banho

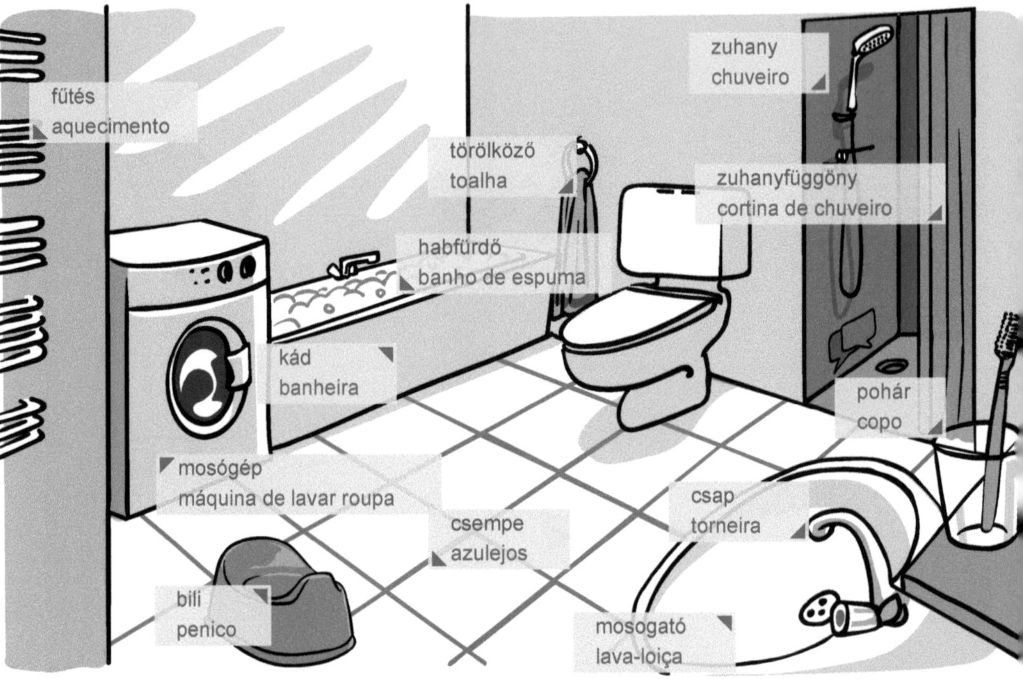

fűtés
aquecimento
törölköző
toalha
zuhany
chuveiro
zuhanyfüggöny
cortina de chuveiro
habfürdő
banho de espuma
kád
banheira
pohár
copo
mosógép
máquina de lavar roupa
csap
torneira
csempe
azulejos
bili
penico
mosogató
lava-loiça

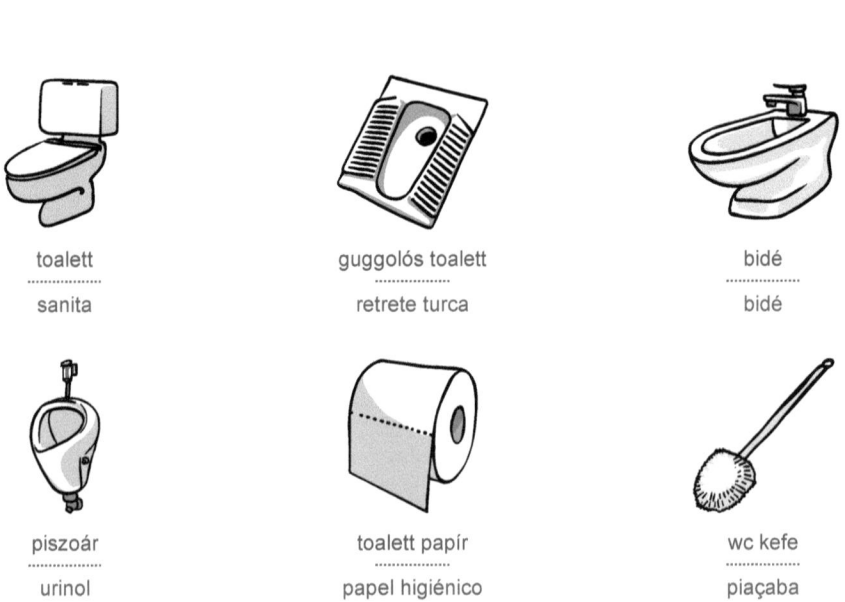

toalett

sanita

guggolós toalett

retrete turca

bidé

bidé

piszoár

urinol

toalett papír

papel higiénico

wc kefe

piaçaba

fogkefe

escova de dentes

fogkrém

pasta de dentes

fogselyem

fio dentário

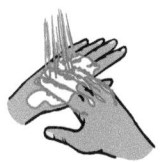

mosni

lavar

kézi zuhany

chuveiro de mão

intimzuhany

duche íntimo

mosdótál

bacia

hátmosó kefe

escova para as costas

szappan

sabonete

tusfürdő

gel de banho

sampon

champô

mosdókesztyű

toalha de rosto

lefolyó

escoamento

krém

creme

dezodor

desodorizante

tükör

espelho

kézitükör

espelho de mão

borotva

máquina de barbear

borotvahab

creme de barbear

borotválkozás utáni arcszesz

loção pós-barba

fésű

pente

hajkefe

escova

hajszárító

secador de cabelo

hajlakk

spray de cabelo

smink

maquilhagem

ajakrúzs

batom

körömlakk

verniz de unhas

vatta

algodão

körömvágó olló

tesoura para unhas

parfüm

perfume

neszesszer

nécessaire

sámli

tamborete

mérleg

balança

köntös

roupão de banho

gumikesztyű

luvas de borracha

tampon

tampão

egészségügyi betét

penso higiénico

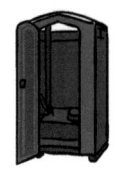

vegyi WC

WC químico

gyerekszoba

quarto de criança

ébresztő óra
despertador
plüssállat
peluche
játékautó
carro de brincar
csörgő
chocalho
babaház
casa de bonecas
ajándék
presente

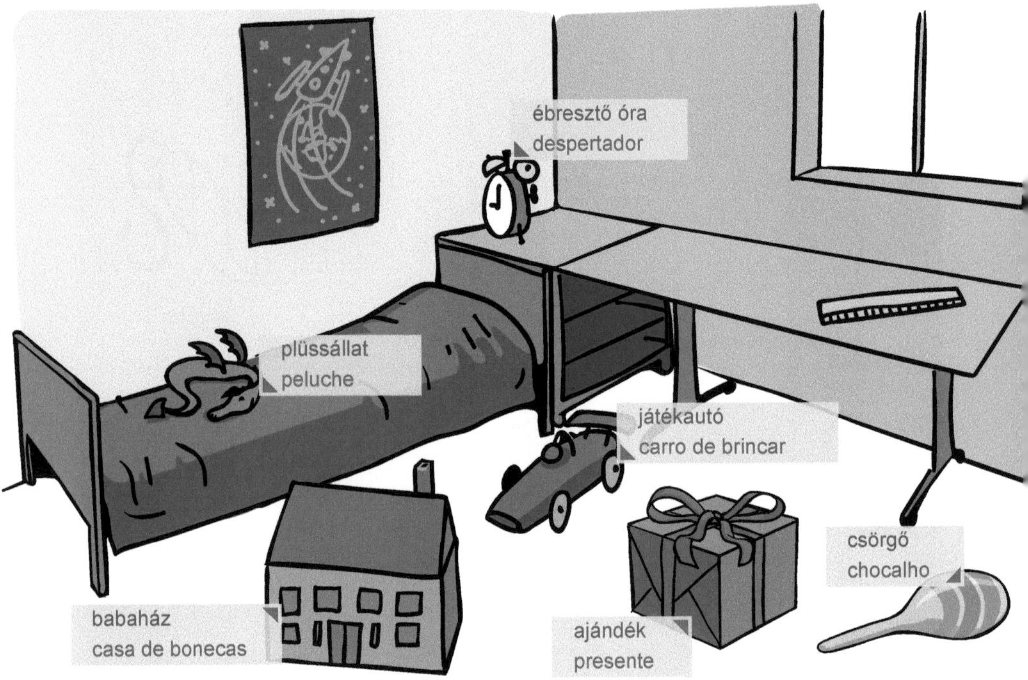

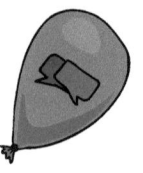

lufi

balão

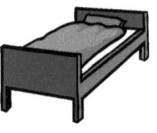

ágy

cama

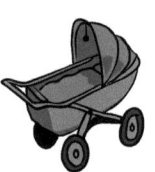

babakocsi

carrinho de bebé

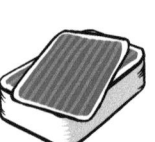

kártyapakli

jogo de cartas

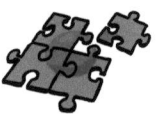

kirakós játék

quebra-cabeças

SUPER
MEGA

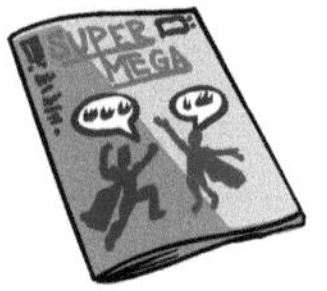

képregény

banda desenhada

építőkockák

peças de Lego

építőelem

blocos de construção

szuperhős

figura de ação

rugdalózó

fato de bebé

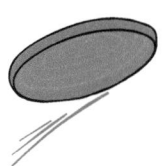

frizbi

Frisbee

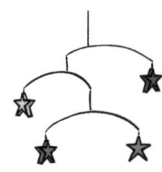

zenélő forgó

móbile para bebé

társasjáték

jogo de tabuleiro

kocka

dados

modellvasút

pista de comboio elétrico

cumi

chupeta

zsúr

festa

képeskönyv

livro ilustrado

labda

bola

baba

boneca

játszani

jogar

homokozó

caixa de areia

hinta

baloiço

játékok

brinquedos

videójáték konzol

consola de jogos

tricikli

triciclo

teddi maci

ursinho de peluche

ruhásszekrény

guarda-roupa

ruházat

vestuário

zokni

meias

harisnya

meias pelo joelho

harisnyanadrág

meias-calças

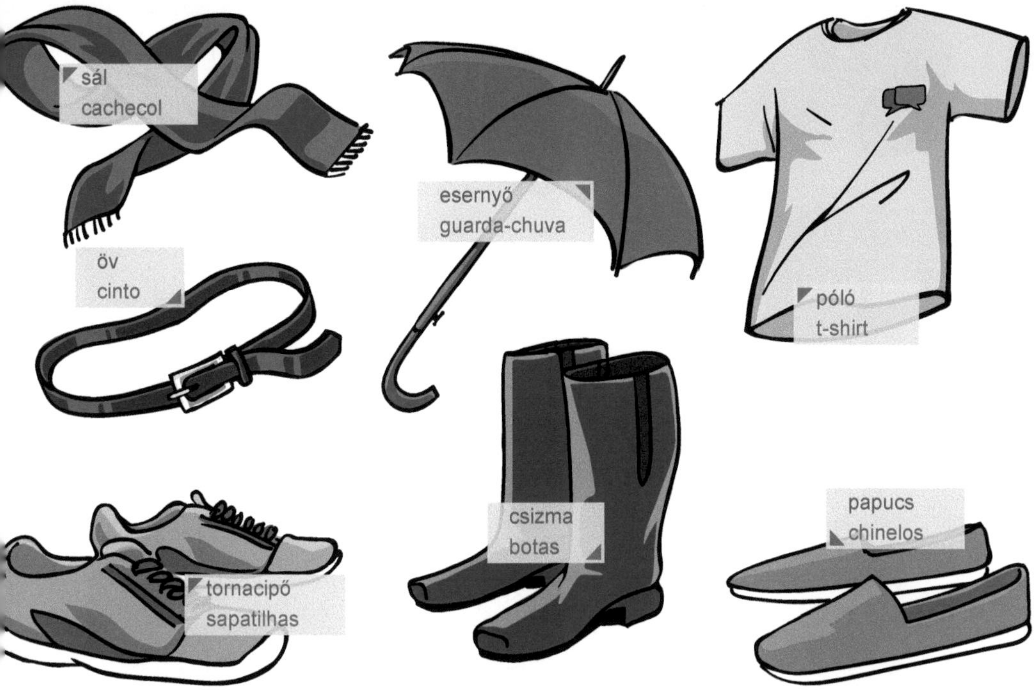

sál
cachecol

esernyő
guarda-chuva

öv
cinto

póló
t-shirt

tornacipő
sapatilhas

csizma
botas

papucs
chinelos

szandál
sandálias

cipő
sapatos

gumicsizma
botas de borracha

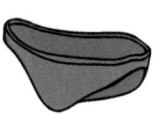

alsónadrág
cuecas

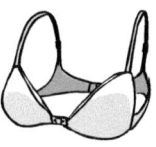

melltartó
sutiã

mellény
camisola interior

body
body

nadrág
calças

farmer
calças de ganga

szoknya
saia

blúz
blusa

ing
camisa

pulóver
pulôver

kapucnis pulóver
camisola com capuz

blézer
blazer

dzseki
casaco

kabát
manto

esőkabát
gabardina

kosztüm
traje

ruha
vestido

esküvői ruha
vestido de casamento

öltöny
fato

hálóing
camisa de dormir

pizsama
pijama

szári
sari

fejkendő
lenço de cabeça

turbán
turbante

burka
burca

kaftán
cafetã

abaya
abaya

fürdőruha
fato de banho

fürdőnadrág
calções de banho

rövidnadrág
calções

tréningruha
fato de treino

kötény
avental

kesztyű
luvas

gomb

botão

szemüveg

óculos

karkötő

pulseira

nyaklánc

colar

gyűrű

anel

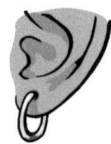

fülbevaló

brinco

sapka

boné

vállfa

cabide

kalap

chapéu

nyakkendő

gravata

cipzár

fecho de correr

bukósisak

capacete

nadrágtartó

suspensórios

iskolai egyenruha

uniforme escolar

egyenruha

uniforme

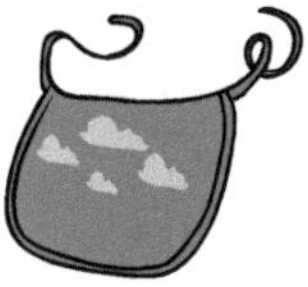

előke
babete

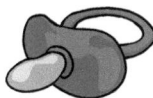

cumi
chupeta

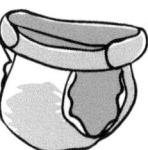

pelenka
fralda

iroda
escritório

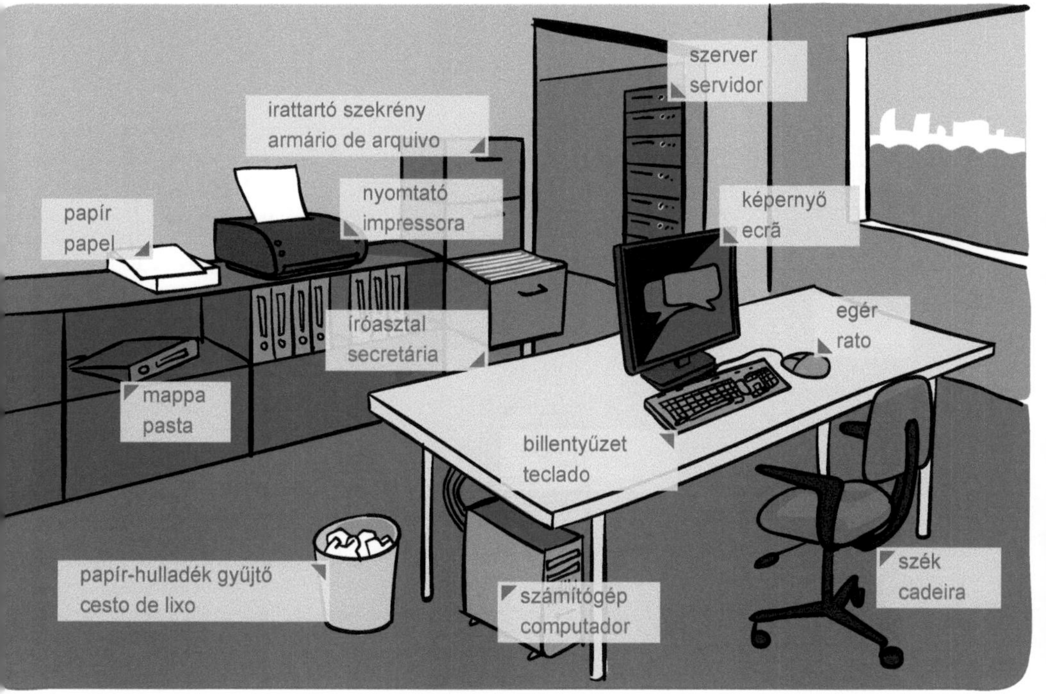
szerver
servidor
irattartó szekrény
armário de arquivo
papír
papel
nyomtató
impressora
képernyő
ecrã
íróasztal
secretária
egér
rato
mappa
pasta
billentyűzet
teclado
papír-hulladék gyűjtő
cesto de lixo
számítógép
computador
szék
cadeira

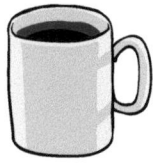

kávéscsésze
caneca de café

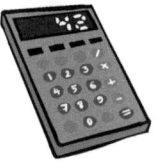

számológép
calculadora

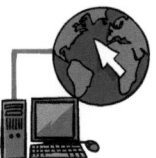

internet
internet

laptop

computador portátil

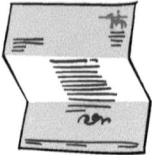

levél

carta

üzenet

mensagem

mobiltelefon

telemóvel

hálózat

rede

fénymásoló

fotocopiadora

szoftver

software

telefon

telefone

konnektor

tomada elétrica

faxgép

fax

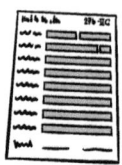

formanyomtatvány

formulário

dokumentum

documento

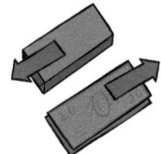

venni
comprar

fizetni
pagar

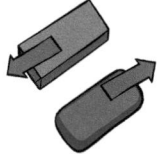

kereskedni
negociar

pénz
dinheiro

dollár
dólar

euró
euro

jen
yen

rubel
rublo

svájci frank
franco suíço

kínai jüan
renminbi yuan

rúpia
rupia

bankautomata
caixa de multibanco

valutaváltó iroda

casa de câmbio

arany

ouro

ezüst

prata

olaj

petróleo

energia

energia

ár

preço

szerződés

contrato

adó

imposto

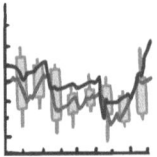

részvény

ação

dolgozni

trabalhar

munkavállaló

empregado

munkaadó

entidade patronal

gyár

fábrica

üzlet

loja

foglalkozások
profissões

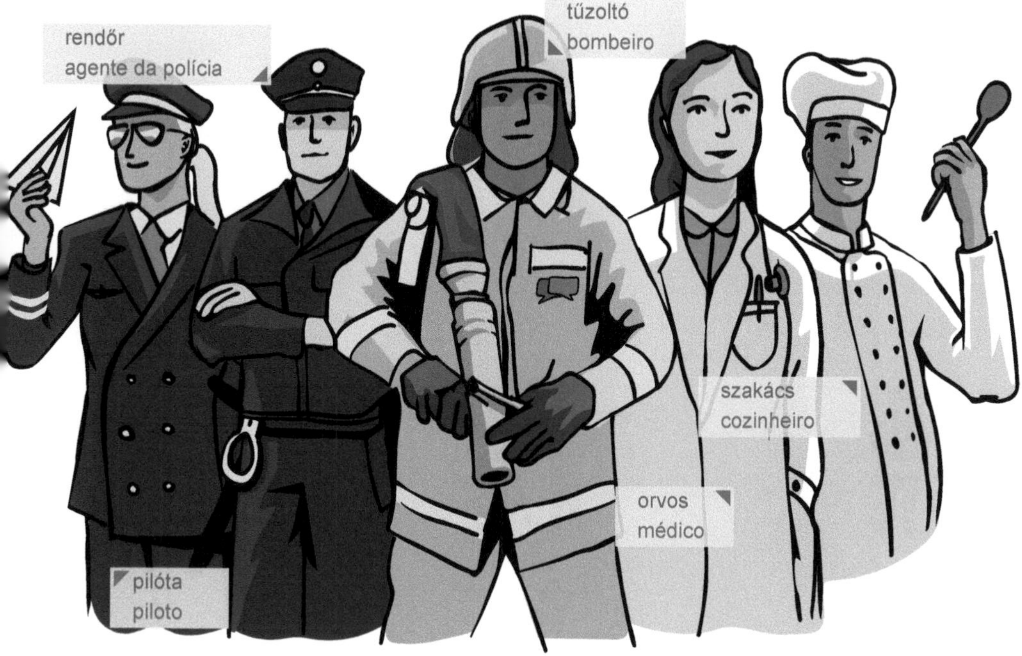

rendőr
agente da polícia
tűzoltó
bombeiro
szakács
cozinheiro
orvos
médico
pilóta
piloto

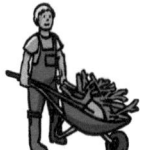

kertész
jardineiro

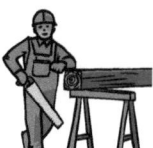

kárpitos
carpinteiro

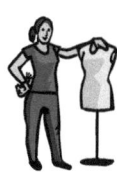

varrónő
costureira

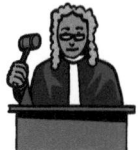

bíró
juiz

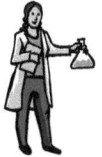

vegyész
químico

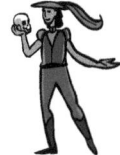

színész
ator

buszsofőr

motorista de autocarro

taxisofőr

motorista de táxi

halász

pescador

bejárónő

empregada de limpeza

tetőfedő

telhador

pincér

empregado de mesa

vadász

caçador

festő

pintor

pék

padeiro

építőmunkás

construtor

mérnök

engenheiro

villanyszerelő

eletricista

hentes

talhante

vízvezeték-szerelő

canalizador

postás

carteiro

katona

soldado

építész

arquiteto

eladó

caixa

virágos

florista

fodrász

cabeleireiro

kalauz

controlador de bilhetes

műszerész

mecânico

kapitány

capitão

fogorvos

dentista

tudós

cientista

rabbi

rabino

imám

imã

szerzetes

monge

lelkész

pastor

szerszámok
ferramentas

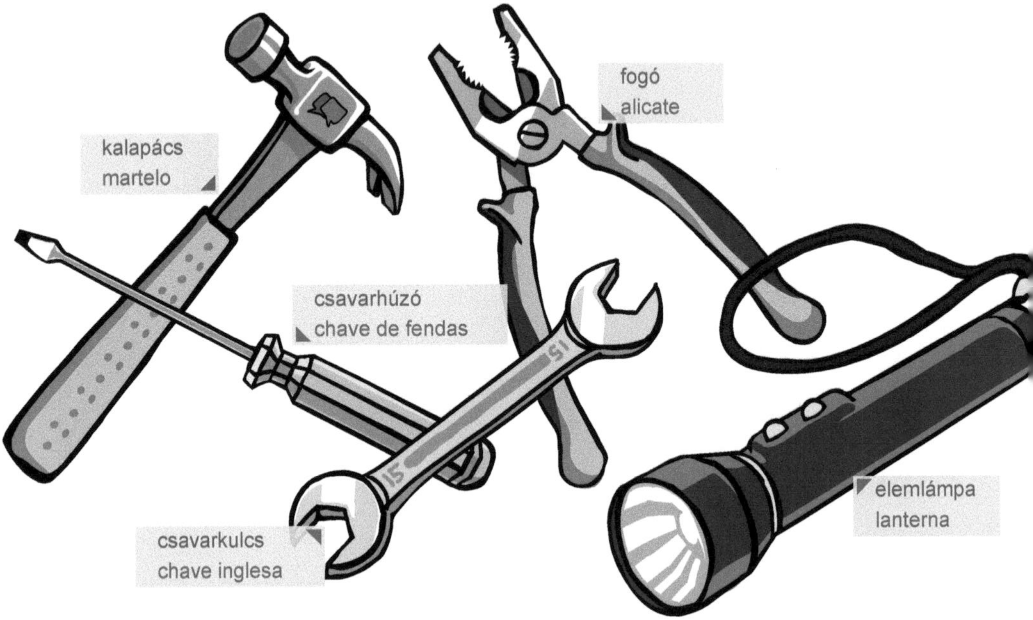
kalapács
martelo
fogó
alicate
csavarhúzó
chave de fendas
csavarkulcs
chave inglesa
elemlámpa
lanterna

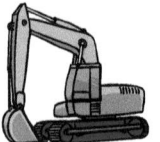

markológép

escavadora

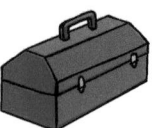

szerszámosláda

caixa de ferramentas

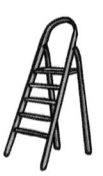

vödör

escadote

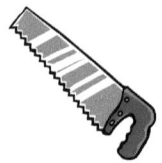

fűrész

serra

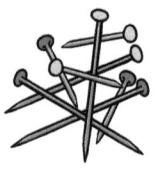

szög

pregos

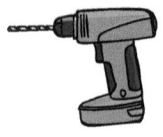

fúrógép

broca

megjavítani

reparar

lapát

pá

A francba!

porcaria!

szemétlapát

pá de lixo

festékesdoboz

pote de tinta

csavar

parafusos

hangszerek
instrumentos musicais

hangszóró
altifalante

dobfelszerelés
bateria

gitár
guitarra

nagybőgő
contrabaixo

trombita
trompete

zongora

piano

hegedű

violino

basszusgitár

baixo

üstdob

timbales

dobok

tambor

digitális zongora

teclado

szaxofon

saxofone

fuvola

flauta

mikrofon

microfone

állatkert
jardim zoológico

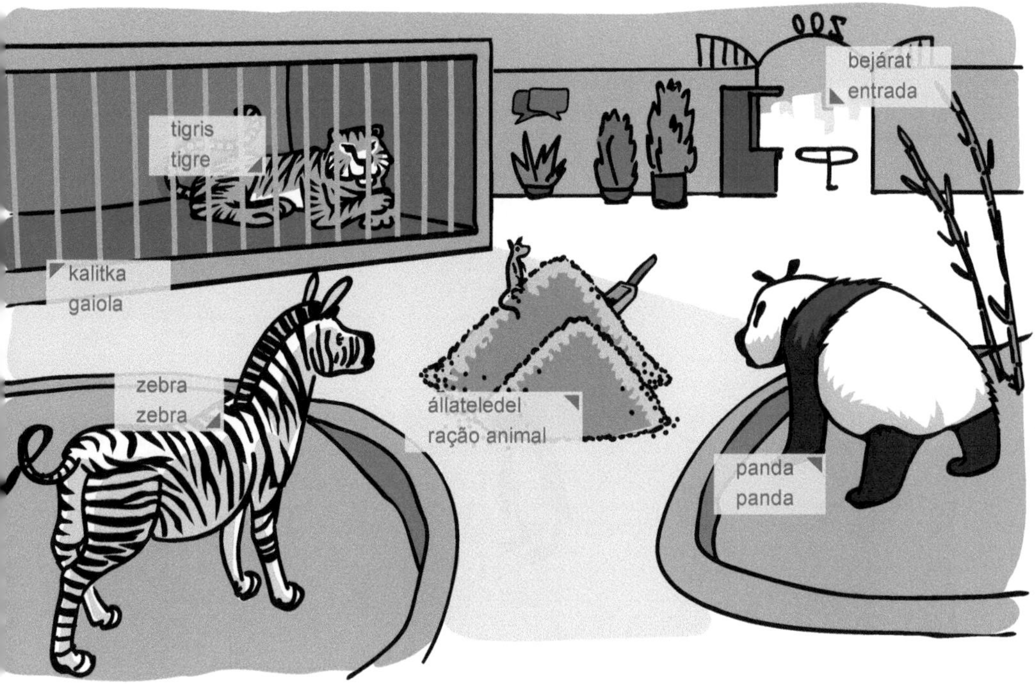

tigris
tigre
bejárat
entrada
kalitka
gaiola
zebra
zebra
állateledel
ração animal
panda
panda

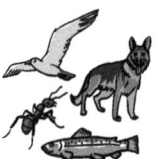

állatok
animais

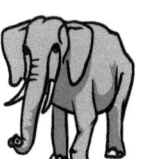

elefánt
elefante

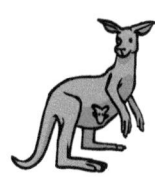

kenguru
canguru

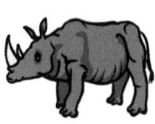

orrszarvú
rinoceronte

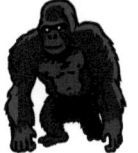

gorilla
gorila

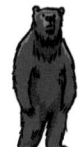

medve
urso

teve

camelo

strucc

avestruz

oroszlán

leão

majom

macaco

flamingó

flamingo

papagáj

papagaio

jegesmedve

urso polar

pingvin

pinguim

cápa

tubarão

páva

pavão

kígyó

cobra

krokodil

crocodilo

állatgondozó

guarda do jardim zoológico

fóka

foca

jaguár

jaguar

póniló	leopárd	víziló
pónei	leopardo	hipopótamo

zsiráf	sas	vaddisznó
girafa	águia	javali

hal	teknős	rozmár
peixe	tartaruga	morsa

róka	gazella	
raposa	gazela	

amerikai futball
futebol americano

kerékpározás
ciclismo

tenisz
ténis

kosárlabda
basquetebol

úszás
natação

boksz
boxe

jégkorong
hóquei no gelo

futball
futebol

tollas
badminton

atlétika
atletismo

kézilabda
andebol

síelés
esqui

lovaspóló
polo

tevékenységek
atividades

ugrani
saltar
ölelni
abraçar
nevetni
rir
sétálni
andar
énekelni
cantar
álmodni
sonhar
dicsérni
rezar
csókolni
beijar

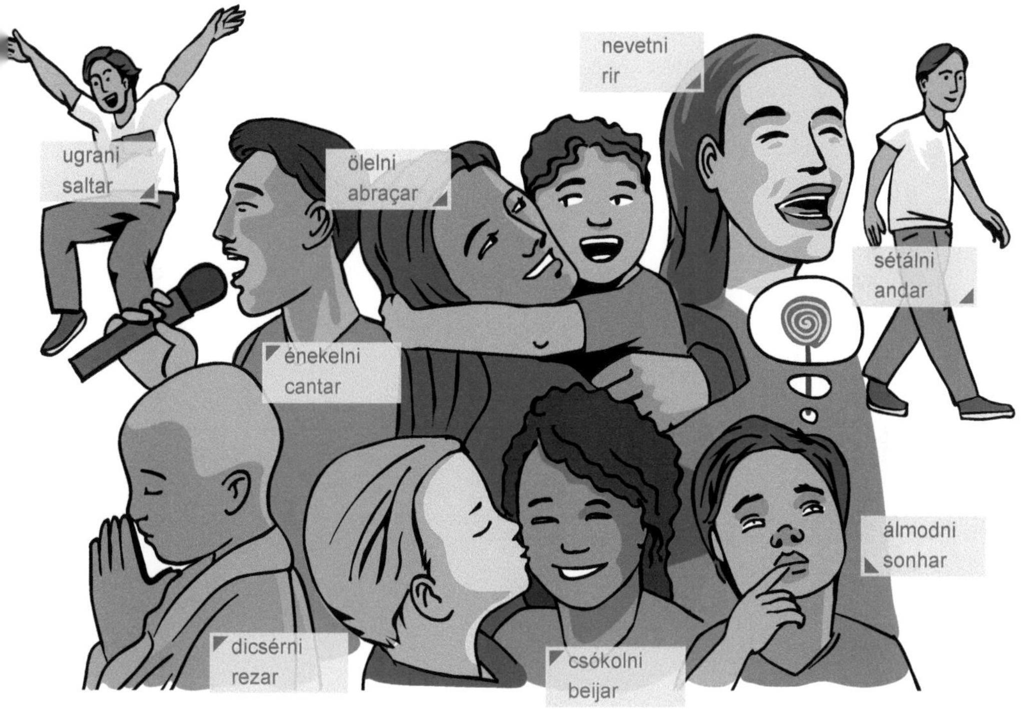

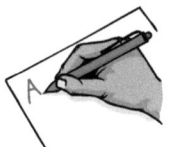

írni
escrever

rajzolni
desenhar

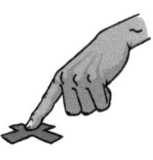

mutatni
mostrar

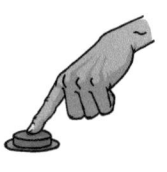

tolni
empurrar

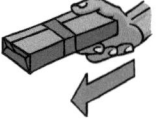

adni
dar

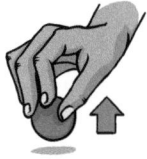

vinni
tomar

birtokolni

ter

csinálni

fazer

lenni

ser

állni

ficar de pé

futni

correr

húzni

puxar

hajít

remessar

esni

cair

hazudni

deitar

várni

esperar

vinni

carregar

ülni

sentar

felvenni

vestir

aludni

dormir

felébredni

acordar

ránézni

olhar para

sírni

chorar

simogat

acariciar

fésülni

pentear

beszélni

falar

megérteni

compreender

kérdezni

perguntar

hallgatni

ouvir

inni

beber

enni

comer

takarítani

arrumar

szeretni

amar

főzni

cozinhar

vezetni

conduzir

szállni

voar

vitorlázni

velejar

számol

calcular

olvasni

ler

tanulni

aprender

dolgozni

trabalhar

házasodni

casar

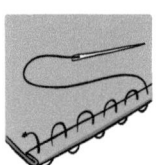

varrni

costurar

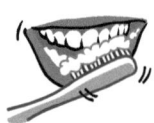

fogat mosni

escovar os dentes

ölni

matar

dohányozni

fumar

küldeni

enviar

család
família

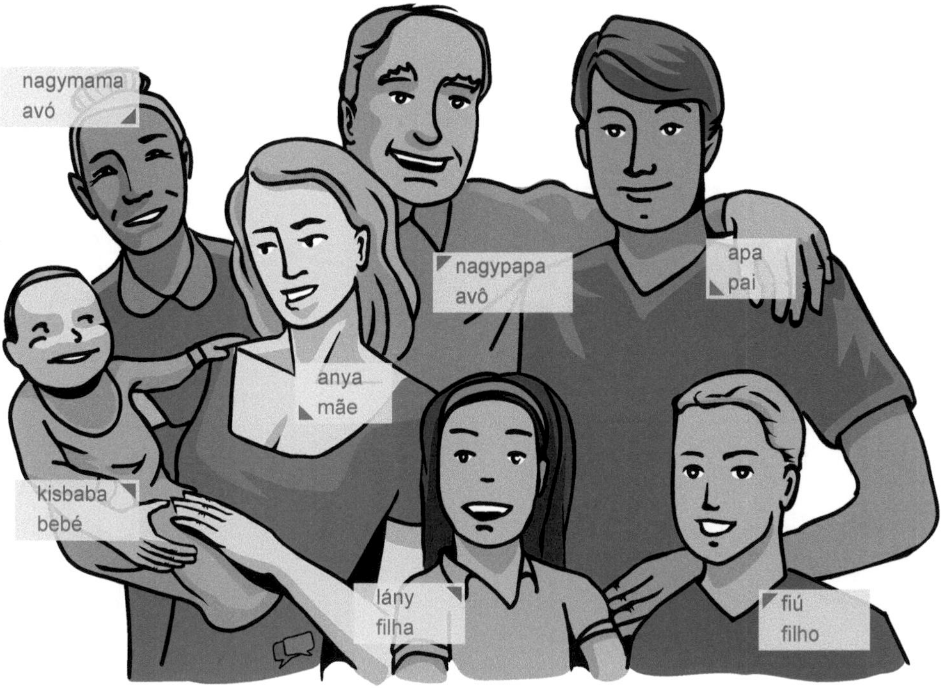
nagymama
avó
nagypapa
avô
apa
pai
anya
mãe
kisbaba
bebé
lány
filha
fiú
filho

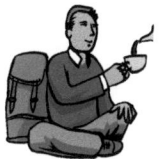

vendég

convidado

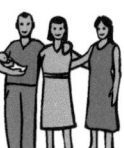

nagynéni

tia

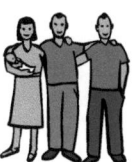

nagybácsi

tio

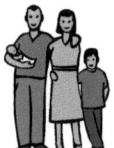

fiútestvér

irmão

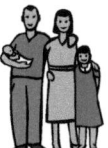

lánytestvér

irmã

test
corpo

homlok
testa
szem
olho
váll
ombro
ujj
dedo
arc
cara
áll
queixo
kéz
mão
láb
perna
mell
peito
kar
braço

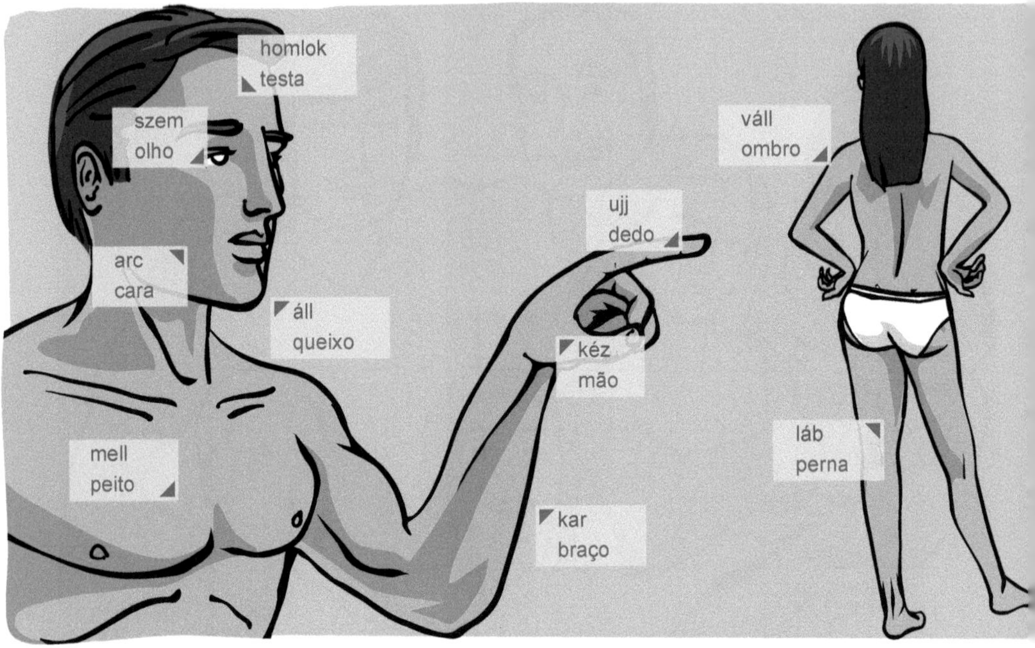

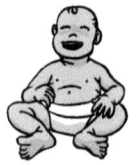

kisbaba
bebé

ember
homem

nő
mulher

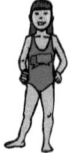

lány
menina

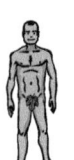

fiú
menino

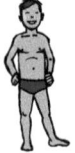

fej
cabeça

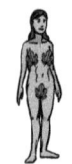

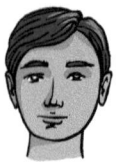

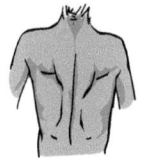

hát

costas

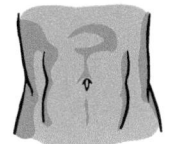

has

barriga

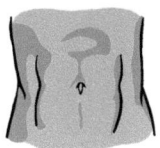

köldök

umbigo

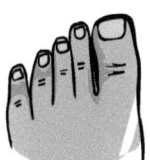

lábujj

dedo do pé

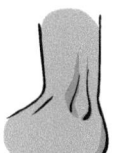

sarok

calcanhar

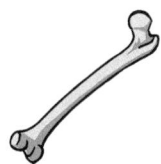

csont

osso

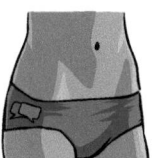

csípő

anca

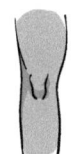

térd

joelho

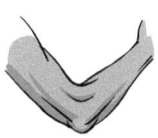

könyök

cotovelo

orr

nariz

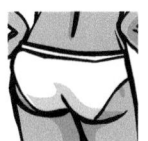

fenék

nádegas

bőr

pele

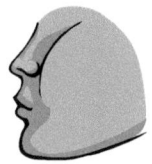

orca

bochecha

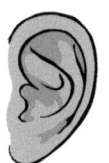

fül

orelha

ajak

lábio

száj

boca

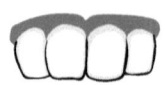

fog

dente

nyelv

língua

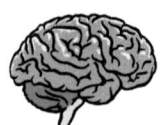

agy

cérebro

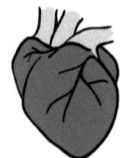

szív

coração

izom

músculo

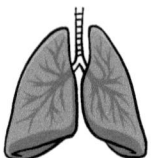

tüdő

pulmão

máj

fígado

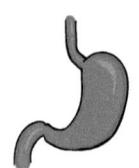

gyomor

estômago

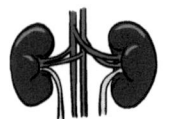

vese

rins

szex

relações sexuais

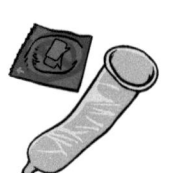

kondom

preservativo

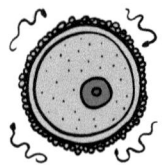

petesejt

óvulo

sperma

esperma

terhesség

gravidez

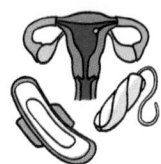

menstruáció

menstruação

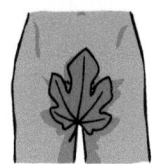

vagina

vagina

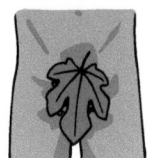

pénisz

pénis

szemöldök

sobrancelha

haj

cabelo

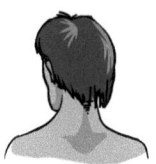

nyak

pescoço

kórház

hospital

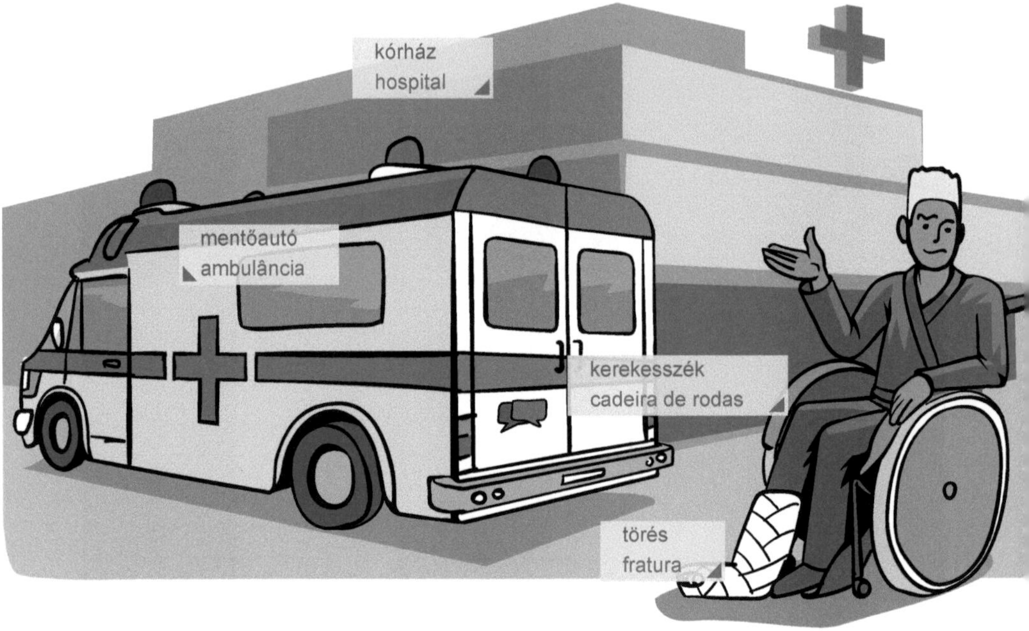

kórház
hospital
mentőautó
ambulância
kerekesszék
cadeira de rodas
törés
fratura

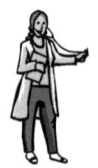

orvos

médico

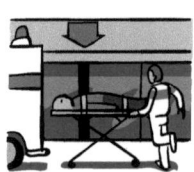

sürgősségi osztály

serviço de urgências

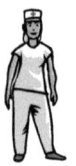

ápoló

enfermeira

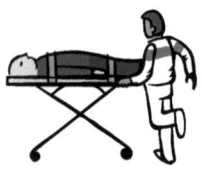

vészhelyzet

emergência

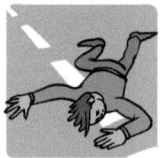

eszméletlen

inconsciente

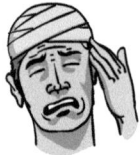

fájdalom

dor

sérülés

ferimento

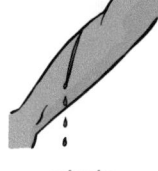

vérzés

hemorragia

szívroham

ataque cardíaco

szélütés

acidente vascular cerebral

allergia

alergia

köhögés

tosse

láz

febre

influenza

gripe

hasmenés

diarreia

fejfájás

dor de cabeça

rák

cancro

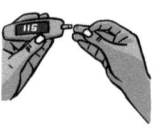

cukorbetegség

diabetes

sebész

cirurgião

szike

bisturi

műtét

operação

CT

CT

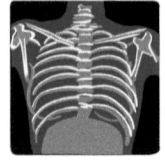

röntgen

raio x

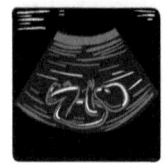

ultrahang

ultrassom

arcmaszk

máscara

betegség

doença

váróterem

sala de espera

mankó

muleta

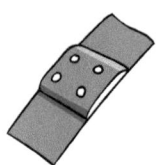

sebtapasz

penso rápido

kötszer

ligadura

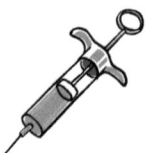

injekció

injeção

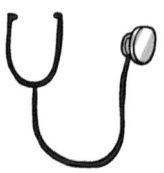

sztetoszkóp

estetoscópio

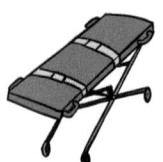

hordágy

maca

klinikai hőmérő

termómetro

születés

nascimento

túlsúly

excesso de peso

hallókészülék

aparelho auditivo

fertőtlenítőszer

desinfetante

fertőzés

infeção

vírus

vírus

HIV/AIDS

HIV / SIDA

orvosság

medicamento

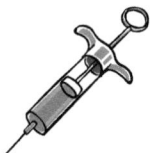

oltás

vacinação

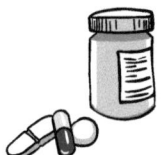

tabletták

comprimidos

tabletta

pílula

sürgősségi hívás

chamada de emergência

vérnyomásmérő

dispositivo de medição de pressão arterial

betegség / egészség

doente / saudável

Segítség!

Socorro!

riasztás

alarme

rajtaütés

assalto

támadás

ataque

veszély

perigo

vészkijárat

saída de emergência

tűz!

Fogo!

tűzoltókészülék

extintor de incêndios

baleset

acidente

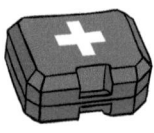

elsősegélycsomag

estojo de primeiros socorros

SOS

SOS

rendőrség

polícia

Európa

Europa

Észak-Amerika

América do Norte

Dél-Amerika

América do Sul

Afrika

África

Ázsia

Ásia

Ausztrália

Austrália

Atlanti-óceán

Atlântico

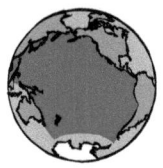

Csendes-óceán

Pacífico

Indiai-óceán

Oceano Índico

Déli-óceán

Oceano Antártico

Jeges-tenger

Oceano Ártico

Északi-sark

Polo Norte

Déli-sark

Polo Sul

Antarktisz

Antártica

föld

terra

szárazföld

país

tenger

mar

sziget

ilha

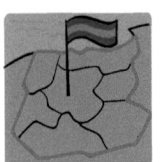

nemzet

nação

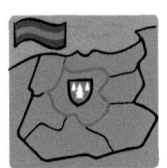

állam

estado

számlap

mostrador do relógio

kismutató

ponteiro das horas

nagymutató

ponteiro dos minutos

másodpercmutató

ponteiro dos segundos

Mennyi az idő?

Que horas são?

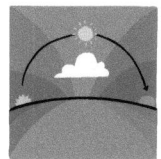

nap

dia

idő

tempo

most

agora

digitális óra

relógio digital

perc

minuto

óra

hora

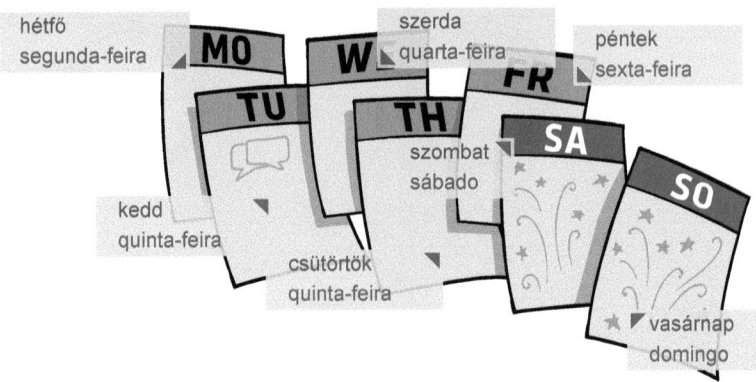

hétfő
segunda-feira

szerda
quarta-feira

péntek
sexta-feira

kedd
quinta-feira

szombat
sábado

csütörtök
quinta-feira

vasárnap
domingo

tegnap

ontem

ma

hoje

holnap

amanhã

reggel

manhã

dél

meio-dia

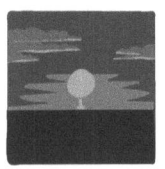

este

entardecer

MO	TU	WE	TH	FR	SA	SU
1	2	3	4	5	6	7
8	9	10	11	12	13	14
15	16	17	18	19	20	21
22	23	24	25	26	27	28
29	30	31	1	2	3	4

hétköznap

dias úteis

MO	TU	WE	TH	FR	SA	SU
1	2	3	4	5	6	7
8	9	10	11	12	13	14
15	16	17	18	19	20	21
22	23	24	25	26	27	28
29	30	31	1	2	3	4

hétvége

fim de semana

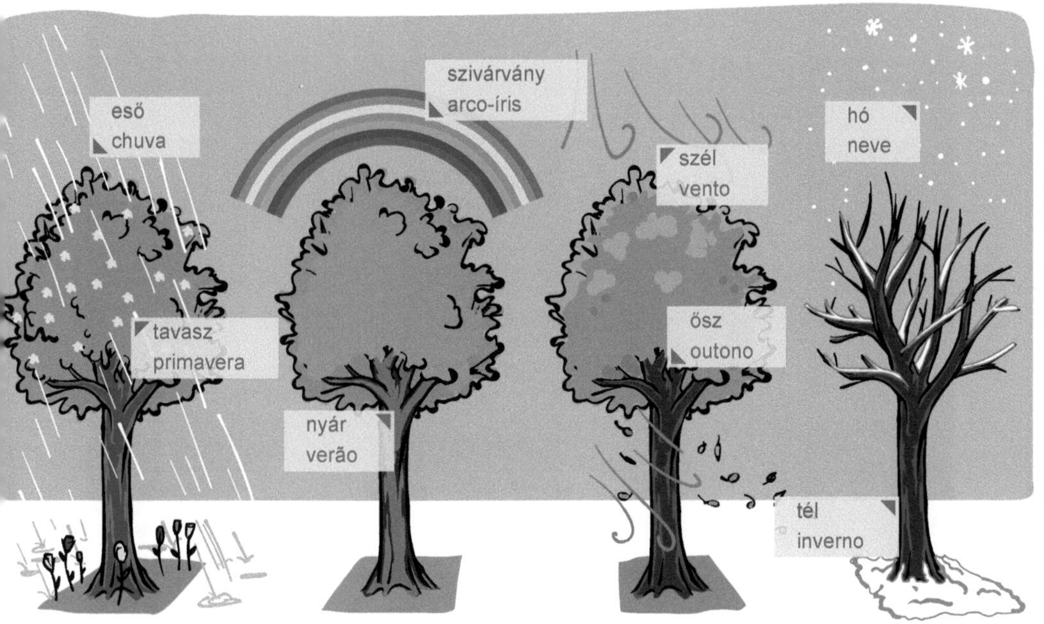

eső
chuva
szivárvány
arco-íris
szél
vento
hó
neve
tavasz
primavera
ősz
outono
nyár
verão
tél
inverno

4.APRIL 11°
5.APRIL 4°
6.APRIL 13°
7.APRIL 8°
8.APRIL 10°

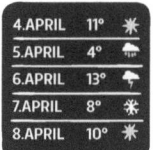

időjárás előrejelzés
previsão do tempo

F C
120 40
90 30
60 20
30 10
0 0
-30 -10
-20

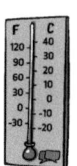

hőmérő
termómetro

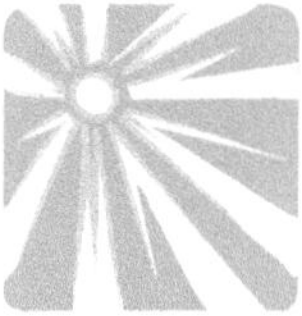

napsütés
raios de sol

felhő
nuvem

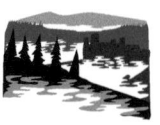

köd
neblina / nevoeiro

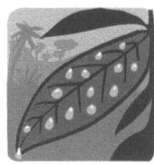

páratartalom
humidade do ar

villámlás

relâmpago

mennydörgés

trovão

vihar

tempestade

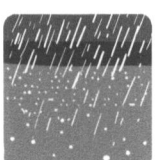

jégeső

granizo

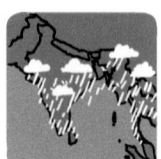

monszun

monção

áradás

inundação

jég

gelo

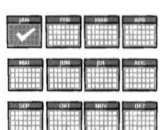

január

janeiro

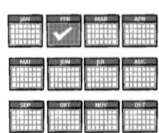

február

fevereiro

március

março

április

abril

május

maio

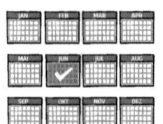

június

junho

július

julho

augusztus

agosto

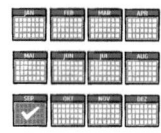

szeptember

setembro

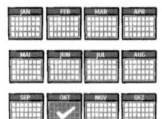

október

outubro

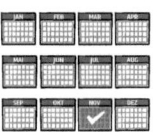

november

novembro

december

dezembro

alakzatok
formas

kör

círculo

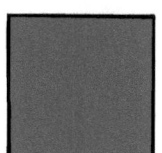

négyzet

quadrado

téglalap

retângulo

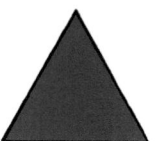

háromszög

triângulo

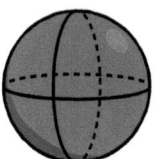

gömb

esfera

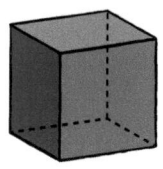

kocka

cubo

fehér
....
branco

sárga
....
amarelo

narancs
....
laranja

rózsaszín
....
rosa

piros
....
vermelho

lila
....
lilás

kék
....
azul

zöld
....
verde

barna
....
castanho

szürke
....
cinzento

fekete
....
preto

sok / kevés
muito / pouco

mérges / nyugodt
furioso / calmo

szép / csúnya
lindo / feio

kezdet / vég
princípio / fim

nagy / kicsi
grande / pequeno

világos / sötét
claro / escuro

fivér / nővér
irmão / irmã

tiszta / koszos
limpo / sujo

teljes / nem teljes
completo / incompleto

nappal / éjszaka
dia / noite

halott / élő
morto / vivo

széles / keskeny
largo / estreito

ehető / nem ehető

comestível / não comestível

gonosz / kedves

mau / gentil

izgatott / unott

entusiasmado / entediado

kövér / vékony

gordo / magro

első / utolsó

primeiro / último

barát / ellenség

amigo / inimigo

teli / üres

cheio / vazio

kemény / puha

duro / macio

nehéz / könnyű

pesado / leve

éhség / szomjúság

fome / sede

betegség / egészség

doente / saudável

illegális / legális

ilegal / legal

intelligens / buta

inteligente / burro

bal / jobb

esquerda / direita

közel / távol

perto / longe

új / használt
novo / usado

semmi / valami
nada / algo

idős / fiatal
velho / jovem

be / ki
ligado / desligado

nyitva / zárva
aberto / fechado

csendes / hangos
baixo / alto

gazdag / szegény
rico / pobre

helyes / helytelen
certo / errado

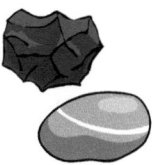

érdes / sima
áspero / liso

szomorú / vidám
triste / feliz

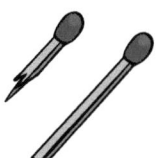

rövid / hosszú
curto / longo

lassú / gyors
lento / rápido

nedves / száraz
molhado / seco

meleg / hideg
ameno / fresco

háború / béke
guerra / paz

0

nulla

zero

1

egy

um

2

kettő

dois

3

három

três

4

négy

quatro

5

öt

cinco

6

hat

seis

7

hét

sete

8

nyolc

oito

9

kilenc

nove

10

tíz

dez

11

tizenegy

onze

12

tizenkettő
doze

13

tizenhárom
treze

14

tizennégy
catorze

15

tizenöt
quinze

16

tizenhat
dezasseis

17

tizenhét
dezassete

18

tizennyolc
dezoito

19

tizenkilenc
dezanove

20

húsz
vinte

100

száz
cem

1.000

ezer
mil

1.000.000

millió
milhão

angol

inglês

amerikai angol

inglês americano

mandarin kínai

chinês mandarim

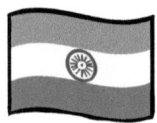

hindi

hindi

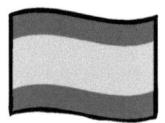

spanyol

espanhol

francia

francês

arab

árabe

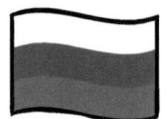

orosz

russo

portugál

português

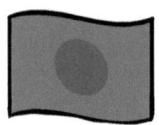

bengáli

bengalês

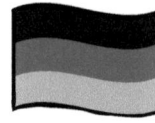

német

alemão

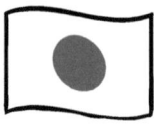

japán

japonês

én
eu

te
tu

ő
ele / ela

mi
nós

ti
vós

ők
eles / elas

ki?
quem?

mi?
o quê?

hogyan?
como?

hol?
onde?

mikor?
quando?

név
nome

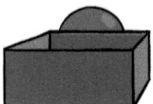

mögött
....
atrás

benne
....
em

előtte
....
à frente de

felette
....
sobre

rajta
....
em cima

alatta
....
debaixo

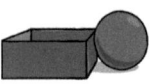

mellett
....
ao lado

között
....
entre

hely
....
lugar